El acoso es algo muy doloroso

Trevor Romain

Ilustraciones de Steve Mark

free spirit
PUBLISHING®

Library of Congress Cataloging-in-Publication Data
Names: Romain, Trevor, author. | Mark, Steve, illustrator.
Title: El acoso es algo muy doloroso / por Trevor Romain ; illustraciones de Steve Mark.
Other titles: Bullies are a pain in the brain. Spanish
Description: Edición revisada y actualizada. | Minneapolis, MN : Free Spirit Publishing, [2024] | Series: Laugh & learn | Includes bibliographical references and index. | Audience: Ages 8-13
Identifiers: LCCN 2023040669 (print) | LCCN 2023040670 (ebook) | ISBN 9798885545136 (paperback) | ISBN 9798765970522 (ebook)
Subjects: LCSH: Bullying--Juvenile humor.
Classification: LCC BF637.B85 R6618 2024 (print) | LCC BF637.B85 (ebook) | DDC 302.34/3--dc23/eng/20231219
LC record available at https://lccn.loc.gov/2023040669
LC ebook record available at https://lccn.loc.gov/2023040670

Editado por Elizabeth Verdick y Eric Braun
Diseño de Emily Dyer

Printed by: 70548
Printed in: China
PO#: 9170

Free Spirit Publishing
Un sello de Teacher Created Materials
9850 51st Avenue North, Suite 100
Minneapolis, MN 55442
(612) 338-2068
help4kids@freespirit.com
freespirit.com

FSC
www.fsc.org
MIX
Paper | Supporting responsible forestry
FSC® C144853

Dedicatoria

Le dedico este libro a mi difunto abuelo
Teddy Tanchel, que me daba los mejores
abrazos del mundo.

Agradecimientos

Quiero agradecer a Judy Galbraith, Margie
Lisovskis, Elizabeth Verdick, Eric Braun y a
todo el equipo de Free Spirit porque, gracias
a su apoyo, no solo encontré mis propias alas
sino que logré volar alto.

Agradezco también, y muy especialmente,
a todos los educadores, en particular a los
maestros de escuela y a los maestros de
educación especial. Aquel niño con dislexia y
TDAH que fui nunca habría podido alcanzar
sus sueños de no haber sido por todos ustedes.

Tabla de contenido

Capítulo 1

¿Tienes un problema de acoso?

Suena el despertador y apenas tienes fuerzas para salir de la cama. Otra vez es hora de ir a la escuela, pero no tienes ganas. Durante las últimas semanas, uno de tus compañeros de clase se ha dedicado a atormentarte: te empuja cuando el maestro no está mirando, te pone apodos hirientes como "Aliento de Perro" (u otros peores), publica tu foto en las redes sociales con frases ofensivas y siempre está buscando ponerte los nervios de punta. No hiciste nada para provocar ese comportamiento y no sabes por qué esa persona te ataca a ti de ese modo.

Tu mamá te da dinero para almorzar y lo escondes en uno de tus zapatos, para ver si así logras que ese chico no te lo quite otra vez. Luego vas hasta la parada del autobús escolar. Cuando el vehículo se detiene, lo ves ahí adentro: te clava la mirada desde el último asiento mientras se le dibuja en el rostro una sonrisa malvada. "Ay", piensas. "¿Cómo voy a hacer hoy para enfrentar esto?".

¿Te suena conocido algo de todo esto?

Si estás tratando de lidiar con un problema de acoso escolar, lo primero que debes saber es esto:

no te pasa solo a ti.

Todos hemos sufrido algún tipo de acoso en algún momento. Es probable que otros chicos de tu escuela o de tu vecindario también sufran este tipo de problema. Lo que pasa es que, muchas veces, el acoso se mantiene en secreto. A muchos les da vergüenza decirlo o tienen miedo de hablar sobre lo que les sucede. Piensan que, si lo ignoran, el problema va a desaparecer como por arte de magia.

(Eso no va a pasar).

Esto es lo segundo que debes saber sobre el acoso que estás sufriendo:

NO es tu culpa.

No eres tú quien acosa. Es otra persona. No pediste que te pasara esto. Alguien más decidió hacerte sufrir así. ¿Fue por algo que hiciste? ¿Por algo que dijiste? ¿Es por tu aspecto o por la ropa que usas? ¿Es por el lugar donde vives o por cualquier otra razón que se te ocurra?

(De ninguna manera).

4

Pero ¿qué es el acoso?

Según los especialistas en el tema, hay acoso cuando alguien maltrata a otra persona de manera reiterada, es decir, una y otra vez. Existen tres tipos de acoso:

físico: por ejemplo, golpear a alguien, hacerlo tropezar, pellizcarlo, pincharlo, empujarlo o meterle el dedo mojado en la oreja

verbal: por ejemplo, burlarse de la forma en que alguien se viste o actúa, de su religión o de su raza, insultarlo o reírse de él

social: por ejemplo, excluir a alguien de una actividad, difundir chismes o rumores sobre esa persona o decirles a los demás que no se junten con él

Si el acoso se hace con dispositivos electrónicos, como teléfonos o computadoras, es **ciberacoso.**

En otras palabras: quienes acosan tienen problemas graves. Les gusta lastimar y asustar a las personas que ellos perciben como más pequeñas o más débiles. Los especialistas dicen que a esas personas les gusta controlar a los demás. Al controlarte, se sienten más fuertes y superiores. Y a ti te hacen sentir insignificante, te asustan y te enfurecen.

Algunas personas acosan a otros para llamar la atención. Creen que así pueden volverse más populares y conseguir lo que quieran. Mediante el acoso, tratan de sentirse más importantes o más poderosas.

A veces, vienen de familias en las que hay muchas peleas, gritos y enojos. Puede parecer raro, pero creen que empujar a la gente, agredirla y molestarla es una manera normal de comportarse. Muchas personas que acosan imitan lo que han visto hacer a otros y, en muchas ocasiones, ellos mismos han sido víctimas de acoso. Verás más adelante que denunciar el acoso puede ayudar a que alguien se dé cuenta de que este tipo de comportamiento NO es ni normal ni aceptable.

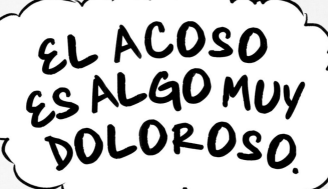

El acoso sucede en todas partes: en comunidades pequeñas, pueblos, ciudades grandes, patios de juegos, vecindarios, centros comerciales, parques, en la calle, en internet y en cualquier otro sitio donde se reúna la gente. Pero, sobre todo, sucede en las escuelas. Puede estar pasando justo a tu lado en el salón de clases.

Quienes acosan pueden ser de todo tipo y tamaño. Pueden ser niños o niñas. También, pueden ser adultos. El acoso existe desde hace siglos. De hecho, hace ya demasiado tiempo que hay gente que molesta, agrede, lastima y maltrata a otros.

Hay buenas noticias: es posible parar el acoso.

Este libro te ayudará a entender por qué algunas personas se comportan de este modo y cómo lidiar con ellas. Aprenderás a desarrollar una defensa antiacoso, a evitar que alguien lastime a otros y a pedir ayuda si estás en peligro. Si eres tú quien acosa a otras personas, este libro también es para ti. Verás que sí puedes llevarte bien con los demás y sentirte a gusto contigo mismo, sin necesidad de hacerle la vida imposible a nadie. Y también aprenderás a lidiar con el acoso en tu propia vida.

Los niños y los adolescentes tienen derecho a sentirse seguros y protegidos en la escuela y en sus comunidades. Si no te sientes seguro, leer este libro puede ser el primer paso para cambiar esa situación.

PREGUNTA RÁPIDA

¿Cuáles de estas palabras describen a alguien que acosa a otros?

joven

VIEJO

lista

no tan

GORDO

común

flaca

musculoso

no Tan musculoso

ALTO

lista

BAJA

grande

pequeño

¿Cuál es la respuesta correcta?
¡Todas!

Capítulo 2

Por qué el acoso es tan doloroso

Quienes acosan a otros pueden ser grandes o pequeños, altos o bajos, musculosos o flacos, listos o poco inteligentes. No siempre se les puede identificar por su apariencia. Pero hay algo que todos tienen en común: les gusta dominar a los demás. Cuanto más debilitan la autoestima de otras personas, mejor se sienten.

Hasta podría decirse que son vampiros de la autoestima.

SOMOS MÁS QUE ETIQUETAS

Usar apodos ofensivos es violento e injusto, incluso hasta cuando a alguien le dicen matón. Etiquetar a alguien así sugiere que la persona es solo eso: un matón. Pero todos somos muchas cosas a la vez y, además, podemos cambiar. Hasta alguien que te roba el dinero del almuerzo y te avergüenza en el autobús puede mejorar. Por eso, no es bueno usar palabras como "matón" para referirse a alguien. Cuando usamos una etiqueta así, lo único que vemos es la etiqueta y no a la persona que hay detrás.

Hay etiquetas que no parecen tan negativas, por ejemplo, "deportista", "ratón de biblioteca", "amante de la música" o "fanático del cine", pero pueden limitar la forma en que vemos a alguien. Usamos estas etiquetas todo el tiempo, pero no sirven para mostrar de verdad quiénes somos. Se necesitarían millones de etiquetas para describir quién eres realmente.

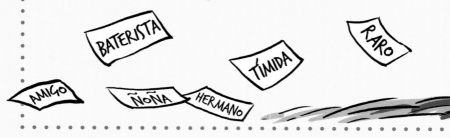

El acoso afecta a las personas de muchas maneras: física, mental y emocionalmente. Quienes acosan son expertos en golpear, pegar, patear, burlarse, empujar, tironear, molestar, presumir, reírse, agredir, manipular, asustar, maltratar, insultar, incordiar, chismorrear, fastidiar, lastimar, amenazar, atormentar, ridiculizar, hacer tropezar, pellizcar, violentar e intimidar. Son especialistas en excluir a personas de grupos o actividades, difundir mentiras y rumores por internet y obligar a otros a hacer cosas que no quieren hacer.

¿Qué pasaría si incluyeras todas esas "habilidades" en tu currículum? Imagina qué ocurriría si respondieras así en una entrevista de trabajo:

Por otro lado, quienes acosan no son muy buenos para hacerse amigos, ser amables, preocuparse por los demás, compartir y llevarse bien con otros. Muchos vienen de hogares en los que se grita mucho o se usa la fuerza física para que los chicos se porten bien. Y, por esa razón, tienen mucho enojo acumulado.

¿Qué hacen esos chicos con tanto enojo? Se desquitan con las personas (o las mascotas) que tienen cerca. Escogen con *muuucho* cuidado a sus víctimas. Por lo general, esas víctimas son otros compañeros que no saben defenderse.

Si conoces a alguien que acosa mucho a los demás, dale bastante espacio, porque esas personas suelen perder rápido la paciencia. Si puedes sentir su aliento, ¡estás demasiado cerca! Estar cerca cuando estallan es como estar demasiado cerca de un volcán a punto de hacer erupción.

Capítulo 3

¿Qué puedes hacer para frenar el acoso?

Quienes acosan escogen a aquellos que parecen más ansiosos, sensibles, callados o temerosos. Así como a las hormigas las atraen los dulces, a ellos les tientan los que parecen tímidos. También se las agarran con los chicos que son más pequeños en edad o en tamaño.

Entonces, ¿cuál es la defensa más eficaz?

¿Será un DISFRAZ?

Transmite confianza

No, no tienes que disfrazarte ni esconder quién eres solo porque a alguien se le ha metido en la cabeza molestarte. En cambio, busca transmitir más autoconfianza. Párate bien derecho, mira a los demás a los ojos, habla con voz firme y mantén la cabeza en alto. Si actúas con más confianza, pronto comenzarás a *sentirte* más seguro.

Con confianza

cabeza en alto

sonrisa amplia

pulgar hacia arriba

buena postura

A quienes acosan les encanta el poder. Cuanto más poder tienen, más quieren. Creen que se llevan un gran premio cuando te hacen llorar. No les des el gusto de ver lágrimas en tus ojos. En cambio, mantén la calma todo lo que puedas y aléjate de ellos tranquilamente.

No te calles

Muchos de los que acosan son muy competitivos. Odian perder en los deportes, en los juegos, en las carreras o en *lo que sea*. Para asegurarse de ganar, a veces juegan sucio. Suelen hacer trampa o golpear a cualquiera que se interponga en su camino. Algunos ven la popularidad como si fuera una competencia. Hacen pasar vergüenza a otros o difunden rumores para que los demás piensen mal de esos chicos.

Si alguien está haciendo trampa o jugando sucio, no te calles. Si expones lo que está pasando, otros van a ponerse de tu lado. A nadie le gusta jugar con tramposos.

> ¿Podrías parar? Estamos tratando de pasarla bien.

> No hagas trampa: estás arruinando el juego. ¡Basta!

Habla con un adulto

Si ya le pediste a la persona que no haga trampa, pero no te hace caso, puede ser el momento de contárselo a un adulto, como un maestro o uno de tus padres. (Si tienes miedo de que se burlen de ti, puedes hacerlo en voz baja o decírselo más tarde).

Si no hay ningún adulto cerca y no estás disfrutando del juego, estás incómodo o tienes miedo, tal vez lo mejor sea dejar de jugar y alejarte de la situación.

Algunos chicos exigen que las personas a quienes acosan les "paguen".

Se enriquecen en un instante quitándoles las pertenencias a los demás. A veces, hasta rompen o vandalizan las cosas de otros.

Si alguien te roba, te amenaza o rompe algo que te quitó, cuéntale a un adulto. Robar es ilegal y es un delito, incluso si el ladrón es un niño.

Cómo lidiar con el acoso grupal

¿Qué es peor que un compañero que acosa? Un grupo que acosa. ¿Cómo se llaman estos grupos? Se les conoce como bandas o pandillas. Las pandillas son peligrosas. Como sus miembros te superan en cantidad, pueden ser aún más intimidantes que un chico solo. La actitud más segura es *evitar las pandillas ¡por completo!* Quizá sus miembros quieran convencerte de que te unas a ellos. Pero no creas que tendrás más onda, serás más popular o te verás más fuerte por pertenecer a una pandilla. Muchos pandilleros terminan en la cárcel, en el hospital o incluso muertos.

Algunos pandilleros usan armas, lo que los hace aún más peligrosos. ¿Qué debes hacer si ves a alguien con una pistola o un cuchillo? Sal de ahí rápida y silenciosamente. No amenaces, ignores, ataques ni provoques a nadie. Una vez que estés en un lugar seguro, cuéntale de inmediato a un adulto sobre el arma que viste. Puedes decírselo a uno de tus padres, a un maestro, a un consejero escolar, al director de tu escuela o a un policía.

30

Si una persona o una pandilla te está molestando, en vez de volver caminando a casa por el camino de siempre, escoge otro camino, aunque sea más largo.

Si es necesario, escoge el camino **MÁS** largo de todos.*

*Mejor aún, pídele a un amigo que te acompañe a casa. O pídele a tu mamá o tu papá que te vaya a buscar a la escuela.

Si te persiguen de todas maneras, **¡CORRE!** (Quizá te veas un poco bobo corriendo como loco por la calle, pero *vivirás para contarlo*).

CORRE hasta tu casa, si estás cerca.

CORRE hasta alcanzar a un grupo de personas, si hay alguno cerca.

CORRE hasta la casa de un vecino.

Averigua si hay programas de protección infantil en tu vecindario. Recuerda su ubicación. Si no los hay, díselo a tus padres. Pregúntales si pueden hablar con los vecinos o con el departamento de policía para crear un programa de este tipo.

Cómo se siente que te acosen, y cómo cambiarlo

Puede pasar que un chico, una chica o un grupo te hagan la vida imposible de alguna de estas maneras:

con amenazas o insultos

sujetándote

haciendo bromas sobre ti

ignorándote deliberadamente y de manera despectiva

obligando a otros a excluirte de actividades

mirándote mal

burlándose de ti

haciendo gestos agresivos

difundiendo rumores sobre ti

publicando comentarios o fotos desagradables en internet

El acoso puede ser muy doloroso, porque quienes acosan creen que ellos fracasan cuando los demás triunfan. Se ponen celosos, se enojan y quieren lastimar a las personas a quienes les va bien.

Cuando alguien te acosa, probablemente te invadan sentimientos de temor, tristeza, enojo, soledad y frustración. ¡Eso es justo lo que esa persona *quiere* que sientas! No dejes que el acoso afecte tu autoestima. Identifica tus fortalezas y alcanza tus metas. Así, por mucho que alguien se esfuerce en destruir tu autoestima, tú seguirás creyendo en ti. ¡Habrás desarrollado una defensa antiacoso!

¿TE ACOSAS A TI MISMO?

Lo creas o no, hay quienes se acosan *a sí mismos*. Lo hacen diciéndose cosas como "no sirvo para nada", "soy un tonto" o "nada me sale bien". Y terminan por provocarse *a sí mismos* sentimientos de temor, tristeza, enojo, soledad y frustración.

Si te acosas a ti mismo, DEJA DE HACERLO YA. ¿Qué puedes hacer en cambio? Aquí hay dos ideas:

1 Empieza a decirte a ti mismo "soy fuerte", "soy inteligente", "puedo hacerlo".

2 ¡Esfuérzate al máximo! Si quieres lograr algo y realmente lo intentas, es probable que tengas éxito. (Y, si las cosas no salen como querías, te sentirás bien porque diste lo mejor de ti).

Si quieres que te vaya mejor en las pruebas de ortografía, estudia más. Si quieres ser lanzador en tu equipo de sóftbol, ¡practica mucho! Cree en ti mismo y te darás una gran oportunidad de triunfar.

Muchos chicos han descubierto que estar con amigos es una gran manera de lidiar con el acoso. Así que haz amigos, ¡muchos amigos! Quienes acosan no soportan a los grupos de personas felices, sonrientes y amigables. Puedes hacer amigos uniéndote a un club o participando en actividades grupales como deportes, música o actuación. Otra forma excelente de hacer amigos es invitar a otros chicos a hacer cosas juntos o simplemente a sentarse contigo en el almuerzo. Y si ves que están acosando a alguien, defiéndelo.

¡Sonreír también ayuda!

¿Te has preguntado alguna vez para qué sirven realmente los amigos (además de para ayudarte a hacer la tarea, salir a cazar ranas, guardar secretos y enviarse mensajes de texto)?

Pues, para esto: los amigos están a tu lado cuando los necesitas. Diles a tus amigos si alguien te está acosando. Habrá menos posibilidades de que te agredan si estás con tus amigos. Además, podrían defenderte diciendo cosas como "no trates así a nuestro amigo" o "no nos gusta lo que estás haciendo, ¡basta!".

Capítulo 4

Cinco mitos sobre el acoso

MITO 1

Quienes acosan a otros tienen la autoestima baja y, por eso, atormentan a los demás.

Realidad: Algunos estudios demuestran que muchas personas que acosan tienen la autoestima *alta*, pero quieren sentir aún más poder y control sobre los demás.

 MITO 2 Solo los varones acosan.

Realidad: Chicos y chicas acosan por igual. A veces, las chicas acosan a otras chicas y los chicos acosan a otros chicos. Pero hay chicas que acosan a chicos y chicos que acosan a chicas.

Que te acosen es parte normal del crecimiento.

Realidad: ¿Cómo podría ser "normal" tener miedo de ir a la escuela? ¿O aguantar amenazas y golpes? Este mito no es más que una excusa para el maltrato. Además, da lugar a que haya un "código de silencio" en torno al acoso. Si crees que es "normal", no dirás ni harás nada al respecto. Tampoco otras personas harán ni dirán nada para frenarlo. Mientras tanto, el acoso sigue como si tal cosa.

MITO 4

La mejor manera de lidiar con el acoso es vengarse o contraatacar.

Realidad: A veces, es cuestión de vida o muerte. Si tratas de vengarte de alguien que te acosa o si te defiendes recurriendo a la fuerza física o a un arma, las cosas no harán más que empeorar. Si alguien siente que lo acorralaste o lo provocaste, es probable que vuelva a atacarte. Y, si hay un arma en juego, ¡eres *tú* quien podría resultar herido!

 MITO 5 Si lo ignoras, el acoso se detendrá.

Realidad: Las personas que acosan pueden enojarse aún *más* si se sienten ignoradas (después de todo, tal vez el acoso sea una manera de llamar la atención). Así que podrían seguir provocándote solo para conseguir algún tipo de reacción.

Entonces, ¿qué se supone que debes hacer si alguien te acosa? Pues respira hondo, míralo a los ojos y dile con tu voz más firme y segura:

"Déjame en paz, no me gusta lo que estás haciendo".

○...

"No hagas eso. No me gusta".

○...

"Te voy a denunciar si no dejas de molestarme".

○...

"Basta".

Después, aléjate.

Como no es fácil comunicarse con quienes maltratan a otros, te conviene ensayar lo que dirás. En casa, párate frente a un espejo e imagina que estás hablando con esa persona. Habla con claridad y firmeza. Mantén tu cuerpo erguido y muestra confianza. Practica lo que quieres decir en voz alta hasta que sientas que puedes expresarte con seguridad.

También puedes pedirle a un familiar o a un amigo que te ayude mediante un juego de roles. Tu familiar o tu amigo haría de la persona que te acosa, y tú serías tú. En poco tiempo, podrás mirar a esa persona a los ojos con confianza y serás capaz de decirle que te deje en paz.

Si la persona sigue molestándote, recuerda este consejo:

EN CASO DE DUDA, ¡GRITAR TE AYUDA!

Puedes gritar cosas como "¡quítame las manos de encima!", "¡me estás lastimando!" o "¡déjame en paz!". Si le gritas algo así a quien te acosa, probablemente se sorprenderá y tú tendrás la oportunidad de alejarte rápidamente. Si estás en un lugar donde hay mucha gente, es muy posible que otros se den vuelta para ver qué sucede. Quien te acosa podría sentirse incómodo e irse.

Capítulo 5

Cómo denunciar el acoso

No tengas miedo de decirle a un adulto si alguien te acosa. Es posible que te sea más fácil hablar del tema en privado, donde nadie pueda verte ni escucharte. Pero recuerda que NO estás delatando a nadie injustamente si lo que denuncias es que esa persona te está lastimando.

Estos son algunos adultos que pueden ayudarte:

tus padres

un familiar

un maestro

un consejero escolar

el director de tu escuela

un oficial de policía

Cuando denuncias el acoso, te ayudas a ti mismo *y* a los demás. Piensa en todos los otros estudiantes que son maltratados. Estarán agradecidos de que tomes cartas en el asunto. Y, lo creas o no, ¡hasta podrías ayudar a quien te acosa! Con un poco de orientación, quienes agreden, lastiman y hacen pasar vergüenza a otros pueden aprender a tener amigos y solucionar sus problemas sin recurrir a la violencia y a la intimidación.

Lamentablemente, a veces los adultos también acosan. Si te pasa eso, no es tu culpa. Cuéntale a un adulto en quien confíes. Uno de tus padres, un maestro, el director de tu escuela o un entrenador podrán ayudarte para que estés a salvo.

Pídele a tu maestro o a tu consejero escolar que organice un taller de prevención del acoso. Podrían hablar sobre el acoso, sus causas y las formas de detener este tipo de violencia. También puedes sugerir ejercicios de juego de roles, en los que algunos estudiantes hacen de quienes acosan y otros, de quienes sufren el acoso. Practica las diferentes estrategias antiacoso. Las dinámicas grupales ayudan mucho a lidiar con este problema.

¿Tu escuela tiene un programa de mediación entre pares? Los mediadores son estudiantes que ayudan a solucionar conflictos entre estudiantes.

Un **mediador,** o intermediario, podría ayudar a quienes acosan y quienes sufren el acoso a hacer las paces. (Sin embargo, si el problema es demasiado grave, será necesario recurrir a un adulto).

Al sacar a la luz el problema, quien acosa ya no tiene el control de la situación. Y no será tan fácil que siga molestándote a ti o a otros estudiantes porque todos comprenderán mejor qué hacer para detener el acoso. Si los maestros y las autoridades escolares toman conciencia de lo que está sucediendo, buscarán la manera de ayudar a quienes acosan para que puedan cambiar su comportamiento.

Capítulo 6

Qué hacer y qué no cuando alguien te acosa

Si alguien se burla de ti por tu apariencia, tu ropa, tus calificaciones o por cualquier otra cosa…

SÍ di algo para defenderte.
Por ejemplo:

"Ah, bueno, gracias por el consejo. Lo voy a tener en cuenta".

O…

"Tú tienes tu opinión y yo tengo la mía".

O…

"Piensa lo que quieras. Yo me siento muy bien así como soy".

Trata de no tomarlo como algo personal. Las burlas no tienen nada que ver *contigo*. Quien se burla de los demás solo busca tener más poder y control.

NO se te ocurra llevarte la mano a la garganta, hacer ruidos como si te ahogaras, tirarte al piso ni decirle a quien te acosa que te asfixiaste por el disgusto. Si montas este tipo de escena, solo empeorarás las cosas. Burlarse de quien se burla de ti es como provocar a un perro rabioso. (Podrías terminar sentado sobre una bolsa con hielo para aliviar el dolor en ese lugar tan incómodo donde te mordió el perro).

Si alguien te amenaza...

SÍ piensa bien y sigue tu intuición. Por ejemplo, si alguien te dice que te pegará si no le das el dinero del almuerzo, podrías responderle así: "No quiero darte el dinero y le voy a contar al director si tratas de obligarme". Pero ¿qué pasa si ustedes dos son las únicas personas que hay en el pasillo y está por pegarte? Dale el dinero. Luego cuéntale a un adulto lo que sucedió.

NO te arrodilles ni digas entre llantos algo como "¡aquí lo tienes, toma mi dinero del almuerzo, llévate también mi mochila, haré lo que quieras, pero no me lastimes, por favor, por favor!".

A quienes acosan les encanta cuando sus víctimas se ponen a rogar así. Y volverán a agredirte para tener otra vez esa sensación.

Si alguien te insulta...

SÍ haz todo lo posible por no prestar atención a lo que te dice. Aléjate (trata de silbar el himno nacional para no escuchar los insultos). No importa qué diga: no eres ni una idiota ni un cobarde, ni la mascota del maestro, ni una tonta ni un perdedor; tampoco eres una llorona, un bobo ni un bueno para nada. Y, si esa persona te dice algo ofensivo sobre tu raza, tu familia, tu género, tu religión o tu nacionalidad, solo lo hace para lastimarte o para hacerte reaccionar.

NO rompas en llanto ni pienses "soy un auténtico perdedor", ni vayas a casa a esconderte bajo las sábanas. No dejes de encontrarte con amigos ni abandones tus pasatiempos por creer que no sabes hacer nada bien. Recuerda que a esa persona le encanta hacer sentir mal a los demás. Si dejas que sus palabras te afecten, le darás el gusto.

Si alguien difunde rumores sobre ti o te critica en internet...

SÍ habla con quien lo hizo. Tal vez esa persona pensó que era solo una broma y no sabía que te pondrías mal. Si hablas con él o ella, puedes lograr que deje de publicar esas cosas feas sobre ti.

Si la persona se niega a cambiar su comportamiento, denuncia el acoso a un adulto. Habla con un maestro, el director de tu escuela o uno de tus padres para que te ayuden a ponerle fin a la situación. Agredir difundiendo cosas hirientes por internet es una forma de acoso que hasta podría ser un delito en el lugar donde vives.

NO busques venganza creando un sitio de internet sobre la persona que te ha estado acosando. No siembres rumores sobre nadie ni uses las redes sociales para avergonzar o hacer sentir mal a alguien. Si lo haces, serás *tú* quien estará acosando a esa persona y podrías meterte en problemas.

Podrás leer mucho más sobre este tema tan delicado, llamado "ciberacoso", en el próximo capítulo.

Si alguien te provoca para pelear...

SÍ aléjate lo más rápido que puedas y dile a un adulto lo que sucede. Habla con tu maestro, tu mamá o tu papá, el director de tu escuela u otro adulto que esté cerca. Para pelear se necesitan dos. Si no entras en su juego, es menos probable que te lastime.

NO levantes los puños diciendo "podría ganarte con una mano atada en la espalda". (Si haces eso, podrías darle mucho trabajo al hada de los dientes). En una pelea, no tienes nada que ganar y tienes todo que perder. Seguramente, quien te está provocando tiene mucha más experiencia usando los puños que tú. Y, si te atrapan peleando dentro de la escuela, ambos se meterán en problemas, sin importar quién haya empezado.

Si ves que alguien que acosa se acerca a ti...

SÍ   ¡sal de su camino! Hazte a un lado, busca a tus amigos, ponte a charlar con alguien que esté cerca o camina hacia un lugar donde haya mucha gente. Así esa persona no podrá agarrarte a solas.

NO se te ocurra hurgarte la nariz y hacer de cuenta que te comes los mocos pensando que así le dará tanto asco que se irá a vomitar al baño y te dejará en paz.

¿Sabías que muchos de los chicos y las chicas que acosan a otros son actores y actrices en potencia? Pasan mucho tiempo ensayando las frases que les dirán a sus víctimas, por ejemplo:

Voy a darte una lección que nunca olvidarás.

Te mandaré directo al cementerio.

¡Deberían darles una nominación a los Premios Óscar!

Van a tener que hacerte la cara de nuevo.

¡Te romperé todos los dientes!

Una buena manera de protegerte y de ganar más seguridad en ti mismo es aprender defensa personal. Podrías tomar clases de karate. Si vas a karate, aprenderás a defenderte y ganarás la confianza necesaria para *no* tener que pelear. (Y, si te pones el cinturón negro para ir a la escuela, ¡los demás captarán el mensaje!).

A veces, el humor es un gran recurso. Si un compañero amenaza con golpearte, podrías decirle: "¿Qué te parece si te ahorro el tiempo y el esfuerzo? Ahora mismo me voy a casa y me doy unos buenos puñetazos. Así, no tendrás que lastimarte las manos". Quizá se eche a reír y decida dejar de molestarte.

(**ATENCIÓN:** Asegúrate de que la broma no sea sobre esa persona. Podría pensar que estás burlándote de él).

A veces, un comentario en primera persona puede calmar los ánimos. Por ejemplo, si alguien te dice que eres un burro, no respondas diciendo: "¡Qué horrible que me digas eso!" o, lo que sería peor, "¡El burro eres tú!". Los comentarios en segunda persona ponen al otro a la defensiva, lo que podría hacerlo actuar con más violencia o enojarse más todavía.

Un comentario en primera persona se centra en lo que *tú* sientes o piensas hacer.

"No me gusta cuando me insultas así; realmente me molesta. Además, NO soy ningún burro, como es evidente".

"Hago oídos sordos a los insultos".

"La verdad, no me importa si alguien piensa que soy un burro".

Si acosan a otros…

SÍ intenta defender a los demás. Tal vez se trate de uno de tus amigos. O quizá sea alguien que ni siquiera conoces. De un modo u otro, si dices algo, podrías hacer que el acoso se detenga. Quien acosa a otros espera que todos se queden callados y tal vez se sorprenda si le dices: "¡Ey, déjalo en paz!". A veces, con eso es suficiente para que se detenga. También podría pasar que otros compañeros se sumen a tu reclamo. Si eso sucede, es tu oportunidad de lograr un gran cambio para tu clase ¡y, quizá, para toda la escuela!

Una de las cosas más importantes que puedes hacer es ser amable con quienes sufren acoso. Invítalos a hacer cosas contigo. Siéntate junto a ellos en el autobús o en el almuerzo. Así, sabrán que no están solos.

NO te alejes de una situación de acoso agradeciendo tu suerte y diciendo "Uf, menos mal que no me pasa a *mí*".

A quienes presencian situaciones de acoso se les llama testigos o espectadores. Si los espectadores se unen para detener el acoso, pueden lograr cambios enormes. Si actuamos como si no pasara nada, el acoso se repite. Una y otra vez.

(Y otra vez, y otra).

Tú puedes hacer mucho más para cambiar la cultura del acoso. Participa en los programas de seguridad o de prevención del acoso que haya en tu escuela. Si no existen aún, podrías hablar con algún maestro o con el director para proponerlos. También, pega carteles sobre el acoso, escribe en un blog o envíale una carta al editor de un periódico de tu ciudad. Escribe un artículo para el periódico o el sitio web de tu escuela. Usa las redes sociales para hablar sobre las cosas buenas que ocurren en tu escuela.

¿Quieres lograr que quienes acosan bajen la guardia? ¡Sé amable con ellos!

Muchos chicos y chicas acosan a otros porque les cuesta relacionarse con los demás. Quizá les resulta difícil hacer amigos, se sienten muy mal consigo mismos o tienen problemas en casa. Puede parecerte extraño, pero para algunas personas es más fácil acosar a otros que lidiar con sus propias emociones y tratar de solucionar sus propios problemas.

Puedes ser un gran ejemplo para estos chicos y chicas. Junto con otros estudiantes, podrías inspirarlos a cambiar su comportamiento solo con ser amable y ayudarlos a sentirse mejor consigo mismos.

Capítulo 7

¿Y qué hay del ciberacoso?

Malas noticias...

Hay otras formas de acoso además del que se hace con palabras y con fuerza física. También hay un tipo de acoso que se hace con los teléfonos celulares, las tabletas y las computadoras.

No, esos dispositivos no se usan como proyectiles para lastimar físicamente a nadie. Más bien, se usan para humillar, amenazar y hacer pasar vergüenza a las personas por internet.

Hay gente que publica fotografías, videos, información, mensajes o comentarios que son hirientes o humillantes. Lo hacen en redes sociales como Instagram o en sitios web. También, por mensaje de texto y correo electrónico.

Este tipo de acoso se llama ciberacoso.

Rápido, fácil y doloroso

El acoso en línea es cada vez más frecuente porque es más fácil de hacer que otros tipos de acoso. Además, se puede hacer desde cualquier lugar: desde casa, la escuela y cualquier otro sitio con conexión a internet. Quizás alguien no se anime a insultarte en la cara. Pero, para publicar un mensaje ofensivo en línea, le alcanza con un par de clics.

Y es más fácil aún que estos mensajes e imágenes lleguen a todas partes en *muy* poco tiempo. Apenas alguien reenvía un mensaje o le da "me gusta" a una publicación, el público aumenta. Y el dolor y la vergüenza se multiplican.

Mientras tanto, quien empezó todo se esconde tras la pantalla de una computadora o de un teléfono.

Al igual que otros tipos de acoso, el ciberacoso puede causarte estrés. Puede ponerte de mal humor y provocarte ansiedad, tristeza y depresión. Ser el blanco de este tipo de ataques puede darte miedo y hacerte sentir solo.

Si en algún momento te sientes así por algo que ves en internet o por un mensaje de texto, cuéntaselo de inmediato a un adulto de confianza.

Ahora, las buenas noticias:

¡CONTAR LO QUE SUCEDE ES DE GRAN AYUDA!

Como con otras clases de acoso, puedes hacer mucho para evitar sufrir estos ataques. Sigue leyendo para saber cómo protegerte. Y cómo proteger a los demás.

Preguntas y respuestas sobre el ciberacoso

¡Por todos los emoticones, qué espantoso es el ciberacoso! ¿Realmente se puede hacer algo para detenerlo?

Si el ciberacoso te produce dudas o temores, trata de no preocuparte. Lee detenidamente estas preguntas frecuentes y sus respuestas. ¡Te resultarán muy útiles!

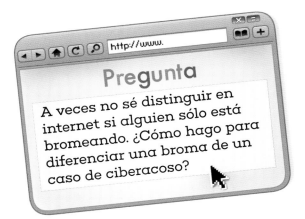

http://www.

Pregunta

A veces no sé distinguir en internet si alguien sólo está bromeando. ¿Cómo hago para diferenciar una broma de un caso de ciberacoso?

Respuesta: Para que haya acoso, los insultos y los comentarios hirientes deben repetirse e ir más allá de una burla ocasional o de una sola frase escrita en un momento de enojo. Si ocurre más de una vez, es acoso. Si le pides a alguien que deje de molestarte y no lo hace, también es acoso.

Pregunta

¿Qué puedo hacer si alguien publica algo sobre mí en internet que me pone triste y me hace sentir vergüenza y miedo?

Respuesta: Cuéntale de inmediato a un adulto. El acoso suele empeorar una vez que empieza. Los padres, las escuelas y a veces la policía deben estar al tanto.

Además, es importante que bloquees a la persona que te está acosando por internet. En las redes sociales, eso es algo bastante fácil de hacer. Si recibes mensajes o imágenes ofensivas, no respondas ni reenvíes nada a nadie. Guarda todo como evidencia.

Pregunta

Pero ¿y si no sé quién me está acosando por internet?

Respuesta:
La policía y
otros especialistas
en el tema saben cómo rastrear
a los autores de las publicaciones anónimas
de internet. Así que no dudes en contarle a un adulto
de confianza si tú (o alguien que conoces) sufre algún
tipo de ataque, acoso o burla por internet.

Pregunta

¿Y si el que publica cosas ofensivas es mi amigo? ¿Está bien en ese caso?

Respuesta: No está bien que **nadie,** amigo o no, te haga sentir mal. Si te molesta algo que un amigo o un grupo de amigos ponen en internet, diles que no te gusta lo que publicaron sobre ti. Si te contestan que solo fue una broma, explícales que no te causó ninguna gracia. Si lo siguen haciendo, cuéntale a un adulto.

Si no puedes confiar en que un amigo te trate bien y te respete, quizá debas pensar en terminar esa amistad. La amistad no le da permiso a nadie para tratarte mal.

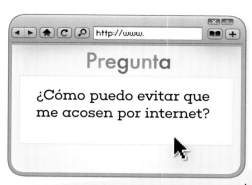

Pregunta

¿Cómo puedo evitar que me acosen por internet?

Respuesta:

Para que sea más difícil que te acosen por internet:

- No compartas tus contraseñas, excepto con tus padres; ni siquiera las compartas con tu mejor amigo.

- Piensa siempre muy bien antes de publicar algo. ¿Podría malinterpretarse? ¿Te avergonzaría si llegara a manos equivocadas? Todo lo que publicas en internet o compartes por mensaje de texto o en las redes puede quedar allí para siempre. Incluso si luego lo eliminas, podrían quedar copias en otras computadoras o teléfonos.

- Solo usa las redes sociales si tienes la edad suficiente (la mayoría exige tener al menos 13 años) y si tus padres te autorizan. Si usas redes sociales, usa los ajustes de privacidad. Solo hazte "amigo" de personas que conozcas y en las que confíes. Piensa quién puede ver lo que publicas. Bloquea a quien te acose. (Puedes aprender cómo bloquear y cómo usar los ajustes de privacidad en las "Condiciones del servicio" o en la "Política de privacidad" de los sitios web y las redes sociales. Si lo necesitas, pide ayuda a un adulto).

¡ALERTA!
Advertencia importante

No dejes de leer esto: El acoso es ilegal en casi todos los estados de Estados Unidos. El ciberacoso es un tipo de acoso. La policía podría intervenir si alguien hace comentarios violentos o amenaza a otras personas por internet.

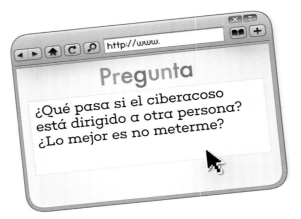

Pregunta

¿Qué pasa si el ciberacoso está dirigido a otra persona? ¿Lo mejor es no meterme?

Respuesta: Tal como sucede con los demás tipos de acoso, el ciberacoso es un problema de todos. Si ayudas a impedir que ocurra, todos estaremos mejor, ¡y eso te incluye a ti!

- No reenvíes imágenes ni mensajes ofensivos.

- No participes en encuestas ni en conversaciones donde se agreda a alguien ni te sumes a grupos que hostiguen a alguien por internet.

- Si tus amigos acosan a alguien en internet, diles que el ciberacoso está mal.

- Defiende a tus amigos si los atacan por internet.

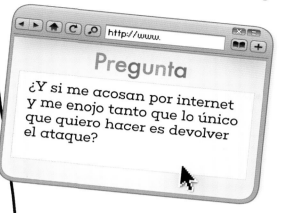

Pregunta

¿Y si me acosan por internet y me enojo tanto que lo único que quiero hacer es devolver el ataque?

Respuesta: Es normal que te enojes y te pongas mal cuando alguien trata de lastimarte, pero vengarse suele empeorar las cosas. Si acosas a alguien por internet, puedes meterte en problemas aunque la otra persona te haya acosado primero. Mejor, deja descansar un poco el teléfono y la computadora. No respondas ni ataques. Si lo haces, les estás dando poder a quienes te atacaron, que buscan convertirte en su marioneta. No te dejes manipular. Al no responder, el poder sigue siendo tuyo y de nadie más.

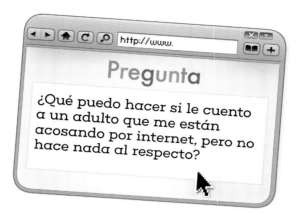

Pregunta

¿Qué puedo hacer si le cuento a un adulto que me están acosando por internet, pero no hace nada al respecto?

Respuesta: Es una pregunta muy importante. NO dejes de pedir ayuda sólo porque alguien no puede o no quiere dártela.

Crea tu propio grupo de apoyo. Dibuja el contorno de una de tus manos en una hoja y, sobre cada dedo, escribe el nombre de un adulto que te quiera y que se preocupe por ti. Esas cinco personas serán tu grupo de apoyo personal. Acude a ellas en primer lugar.

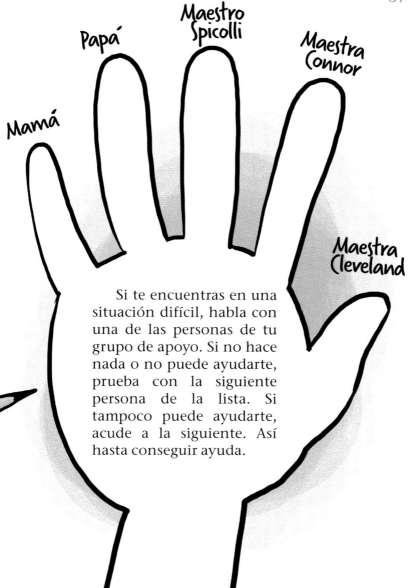

Mamá

Papá

Maestro Spicolli

Maestra Connor

Maestra Cleveland

Si te encuentras en una situación difícil, habla con una de las personas de tu grupo de apoyo. Si no hace nada o no puede ayudarte, prueba con la siguiente persona de la lista. Si tampoco puede ayudarte, acude a la siguiente. Así hasta conseguir ayuda.

Capítulo 8

¿Eres tú quien acosa?

¿Crees que podrías estar acosando a alguien? Hay una manera rápida de averiguarlo. Lee la siguiente lista. Si respondes afirmativamente a una o dos de estas preguntas, puede que tus acciones estén rozando el acoso. Si respondes afirmativamente a tres o más preguntas, es muy posible que *estés* acosando a alguien y debes ocuparte de cambiar ese comportamiento.

1. ¿Agredes a quienes son más pequeños que tú o a los animales?

2. ¿Te gusta fastidiar a otras personas y burlarte de ellas?

3. Si le haces una broma a alguien, ¿te gusta ver cómo se enfada?

4. ¿Te parece divertido que otras personas se equivoquen?

5. ¿Te gusta tomar o destruir las pertenencias de otras personas?

6. ¿Quieres que otros estudiantes piensen que eres el más fuerte de la escuela?

7. ¿Te enojas mucho y te cuesta que se te pase el enojo?

8. ¿Culpas a otros por las cosas que te salen mal?

9. ¿Te gusta vengarte de quienes te hacen daño?

10. ¿Tratas de controlar a otras personas?

11. ¿Te da gracia que ofendan o avergüencen a otros chicos por internet?

12. ¿Envías mensajes de texto ofensivos o publicas cosas hirientes en las redes sociales?

13. Cuando juegas a algo, ¿sientes que siempre tienes que ganar?

14. Si pierdes en algún juego o deporte, ¿te preocupa lo que los demás pensarán de ti?

15. ¿Te enoja o te da envidia que otras personas tengan éxito?

¡Ay, no! ¿Acabas de descubrir que te estás portando como un acosador? O, tal vez, en estas preguntas ves reflejada a una persona que conoces: tu hermano, tu hermana o tu mejor amigo.

No te preocupes, hay solución: es posible conseguir ayuda para lidiar con tus sentimientos, llevarte bien con los demás y tener amigos. Puedes recurrir a tus padres, a tus maestros, a los consejeros escolares y a otros adultos. Solo tienes que pedirles ayuda.

Hay algo que quienes acosan y las víctimas de ese acoso tienen en común: el ENOJO. Quienes acosan descargan su enojo en las personas a las que agreden. Y esas personas también sienten mucho enojo por el maltrato que sufren.

La próxima vez que no puedas controlar el enojo, trata de lidiar con ese sentimiento de manera positiva. Respira hondo varias veces, cuenta hacia atrás hasta calmarte, imagina que estás en un lugar tranquilo, acaricia a tu perro, piensa en cosas que te hagan sentir bien o habla con alguien sobre el enojo que sientes.

Capítulo 9

Dile adiós al acoso

Todos hemos sufrido algún tipo de acoso en algún momento de la vida. ¡Hasta quienes acosan han pasado por esa situación! (Es una de las razones por las que se portan así).

Pero eso no justifica el acoso. Tampoco significa que tengas que sufrirlo en silencio. Ni te da el derecho de acosar a otros. ¿Qué harás la próxima vez que alguien te acose? Piénsalo. Ten preparado un plan. Así podrás defenderte, alejarte o huir para protegerte.

El acoso es algo muy doloroso. Pero tú puedes hacer muchas cosas para frenarlo.

Mensaje para maestros y padres

La mayoría de nosotros recordamos momentos en los que hemos sufrido algún tipo de acoso. Pero hoy en día este problema tiene consecuencias más graves. Hay niños y adolescentes que han recurrido a medidas desesperadas, como usar un arma en defensa propia, o se han suicidado por el acoso que sufrían. Muchos tienen miedo de ir a la escuela. Cuando lo hacen, evitan ir a lugares que perciben como peligrosos, como los baños y los pasillos menos transitados.

Desde que se publicó por primera vez este libro en 1997, hay una conciencia mucho mayor sobre los peligros del acoso. Se dictaron nuevas leyes que protegen a quienes son acosados por su raza, sexo o capacidad. En muchas escuelas hay programas contra la violencia y para la resolución de conflictos, cuyo objetivo es brindar apoyo tanto a los niños y adolescentes que acosan como a los que son acosados para que puedan llevarse bien. Sabemos que los espectadores del acoso son quienes tienen más poder para terminar con este flagelo, incluso más que los adultos, y muchas escuelas trabajan para empoderarlos en ese sentido.

Es importante implementar medidas y estrategias integrales para frenar el acoso. Por ejemplo, cuando alguien se anima a denunciar un caso de acoso a las autoridades escolares, es preciso garantizarle que se tomarán medidas. Es necesario que quede bien claro que no se tolerará este tipo de conducta.

Si usted es maestro, puede tomar medidas para frenar el acoso tanto en el salón de clases como fuera de él:

1. Averigüe si en la escuela donde trabaja hay muchos casos de acoso. Una forma de recabar información es hacer una encuesta anónima o hablar en privado con otros maestros, con los estudiantes y con sus padres.

2. Ponga reglas firmes contra el acoso en el salón de clases. Asegúrese de que todos lean y conozcan esas reglas.

3. Cuidado con las agresiones que se cometen en los baños, en el patio, el comedor y los pasillos. Vigile esas áreas para garantizar que el entorno escolar sea seguro.

4. Lleve un registro por escrito de los casos de acoso, con los nombres de los estudiantes, fecha, hora y demás circunstancias. Eleve los informes correspondientes al director.

5. Brinde a los estudiantes la oportunidad de hablar sobre el acoso y sus efectos. Organice talleres o debates en clase.

6. Pídales a los administradores y a los padres que fomenten la buena conducta y apoyen a las víctimas del acoso.

7. En la medida de lo posible, supervise el uso de las computadoras durante la clase y preste atención a lo que hacen los estudiantes con sus dispositivos.

8. Anime a todos a confrontar el acoso, incluso a quienes no hayan pasado por esa situación. Enséñeles que los espectadores pueden detener y prevenir el acoso si se unen para lograrlo.

Si usted es padre o madre de un estudiante, es posible que no sepa si su hijo es víctima de acoso. Muchos niños y adolescentes tienen miedo de contarles a los adultos lo que les pasa. Les da vergüenza y creen que lo mejor es manejar la situación por su cuenta. Veamos algunas señales de alerta. ¿A su hijo le pasan algunas de estas cosas?

- No va a la escuela o se siente mal muy seguido y quiere faltar a clases.

- Tiene moretones sin causa justificada.

- Empeoraron sus calificaciones.

- Es reacio a hablar sobre la escuela.
- Le oculta sus redes sociales o se preocupa mucho por lo que otros publican en las redes.
- Le faltan algunas pertenencias.
- De repente tiene menos amigos (o se quedó sin amigos).
- "Pierde" el dinero del almuerzo con demasiada frecuencia.
- Llega a casa con la ropa sucia (por haber peleado con alguien).

Si usted advierte algunas o varias de estas señales de alerta, su hijo podría estar teniendo problemas de acoso. En ese caso, estas son algunas medidas que puede tomar:

1. Háblele para hacerle saber que entiende lo que le pasa y que le importa mucho su bienestar.

2. Póngase en contacto con el maestro de su hijo o con las autoridades de la escuela para informarles sobre la situación. Comuníquese con ellos después del horario escolar, por teléfono o mediante un correo electrónico, para proteger la privacidad de su hijo y para asegurarse de que no se enteren otros compañeros. Anote los detalles de cada agresión que se cometa contra su hijo y las veces que habló con las autoridades de la escuela acerca del problema.

3. Enséñele a su hijo las habilidades necesarias para resolver una situación de acoso. En este libro, encontrará varias ideas que pueden ensayar y practicar. Ni "contraatacar" ni "ignorar la situación" son buenas soluciones. Es preciso que su hijo se exprese verbalmente de manera asertiva y que tenga la confianza suficiente para buscar la ayuda de un adulto.

Si sospecha que su hijo acosa a otros compañeros, pruebe con algunas de estas medidas:

- Hable con su hijo sobre los motivos de su conducta. Asegúrele que lo sigue queriendo.

- Considere la posibilidad de hacer terapia familiar para averiguar la causa del problema. Es posible que su hijo necesite ayuda para aprender a manejar el enojo y para solucionar los conflictos sin recurrir a la violencia.

- Ayude a su hijo a entender la diferencia entre un comportamiento agresivo y uno asertivo.

- Hágale saber al maestro que su hijo se está esforzando por cambiar de conducta. El maestro podrá ayudarlo a fijar metas y a buscar formas de corregir las conductas agresivas.

Comparta con sus estudiantes o con su hijo los recursos que aparecen en las páginas 98 y 99 y busquen juntos formas de solucionar el problema. ¡Ayúdelos a ayudarse a sí mismos!

En las páginas 100 y 101, hay una serie de recursos para adultos que pueden ser útiles para aprender más sobre el acoso y sobre las medidas que pueden tomarse al respecto.

Recursos para niños y adolescentes

Libros

Aprende a defenderte: Poder personal y autoestima de Lev Raphael, Gershen Kaufman y Pamela Espeland, (México: Pax México, 2006). Este libro te explica cómo defenderte en distintas situaciones relacionadas con otros niños y hermanos mayores y, también, con padres y maestros. Te ayudará a sentirte mejor contigo mismo, a sentir más fuerza en tu interior y a tener un mayor control de tu vida. Edad recomendada: 8 a 12 años.

Confesiones de una antigua acosadora de Trudy Ludwig, (Bilbao: Mensajero, S.A., 2018). Tras ser sorprendida burlándose de un compañero, le piden a Katie que se reúna con el consejero escolar para reparar su error y aprender a ser mejor compañera. El libro, narrado desde el punto de vista de una niña que acosa, brinda ejemplos de la vida real que te resultarán útiles para identificar y detener el acoso social. Edad recomendada: 8 a 12 años.

Jane, el zorro & yo de Fanny Britt, (Barcelona: Salamandra Graphic, 2016). En esta novela gráfica, su protagonista, una chica de 12 años, se refugia en la lectura de *Jane Eyre* para protegerse del acoso de sus amigas, pero luego va encontrando otras maneras, otras redes, que le permitirán salir adelante. Edad recomendada: 9 a 15 años.

Nobody! A Story About Overcoming Bullying in School de Erin Frankel (Minneapolis: Free Spirit Publishing, 2015). Thomas siente que, haga lo que haga, no puede escapar del acoso constante de Kyle. Con el apoyo de sus amigos, sus compañeros de clase y distintos adultos, Thomas comienza a sentirse más seguro de sí mismo y de sus pasatiempos, mientras que Kyle aprende la importancia de ser amable con los demás. Edad recomendada: 5 a 9 años.

Speak Up and Get Along! Learn the Mighty Might, Thought Chop, and More Tools to Make Friends, Stop Teasing, and Feel Good About Yourself, Revised & Updated Edition de Scott Cooper (Minneapolis: Free Spirit Publishing, 2019). Aprende 21 estrategias para expresarte, mejorar tus relaciones, acabar con las discusiones, las peleas, el acoso y la tristeza. Edad recomendada: 8 a 12 años.

Stand Up for Yourself and Your Friends: Dealing with Bullies and Bossiness and Finding a Better Way de Patti Kelley Criswell (American Girl, 2009). Este libro enseña a las niñas y adolescentes a identificar el acoso, defenderse de las agresiones y denunciarlas. Incluye preguntas, testimonios de niñas y estrategias, así como contenidos asimilables y apropiados para la edad de las lectoras. A partir de los 8 años.

Sitios web

Ciberacoso: Qué es y cómo detenerlo
unicef.org/es/end-violence/ciberacoso-que-es-y-como-detenerlo
UNICEF reunió a especialistas y expertos internacionales en ciberacoso y protección de la infancia para que trabajaran con Facebook, Instagram, Snapchat, TikTok y Twitter para responder preguntas frecuentes sobre el acoso en línea y aconsejar cómo enfrentarlo.

Kids Against Bullying
pacerkidsagainstbullying.org
Aquí puedes firmar peticiones contra el acoso, ver videos de celebridades adolescentes, averiguar qué dicen otros niños sobre el acoso, responder preguntas e inspirarte para pasar a la acción.

StopBullying.gov
espanol.stopbullying.gov
Este sitio del gobierno de EE. UU. explica en español qué es el acoso, habla sobre el ciberacoso y presenta ideas sobre cómo prevenir agresiones y cómo reaccionar. Tiene juegos, videos para niños y adolescentes y una página llamada "Recibir ayuda ahora" que dice qué hacer ante un problema de acoso urgente.

Recursos para adultos

Libros

Acoso escolar, guía para padres y madres de Mª del Mar Merayo y Asociación Vagamundo, para la Confederación Española de Asociaciones de Padres y Madres de Alumnos (Madrid: IO Sistemas de Comunicación, 2013), con el apoyo del Ministerio de Sanidad, Servicios Sociales e Igualdad de España.

The Bully, the Bullied, and the Bystander: From Preschool to High School—How Parents and Teachers Can Help Break the Cycle of Violence de Barbara Coloroso (NY: HarperCollins, 2008). Este libro para padres, maestros y consejeros aborda distintos tipos de acoso, explica el rol de los espectadores y de los participantes directos y sugiere cómo lidiar con el acoso y reafirmar la dignidad de los niños.

Bullying and Cyberbullying: What Every Educator Needs to Know de Elizabeth Kandel Englander (Cambridge, MA: Harvard Education Press, 2013). La autora derriba mitos generalizados y conceptos erróneos sobre la crueldad entre pares, el acoso y el ciberacoso. Se basa en su propia investigación y en la de otros especialistas para mostrar cómo los educadores pueden detectar comportamientos problemáticos y actuar eficazmente.

Conductas de acoso y amenazas entre escolares de Dan Olweus (Madrid: Ediciones Morata, S. L., 1998). Este clásico destinado a padres, maestros y directores de escuela explica las causas y las consecuencias del acoso, describe cómo reconocer si un niño está acosando a otros o si está siendo acosado y detalla formas eficaces de contrarrestar y prevenir los problemas de acoso.

Create a Culture of Kindness in Elementary School: 126 Lessons to Help Kids Manage Anger, End Bullying, and Build Empathy de Naomi Drew, M.A. (Minneapolis: Free Spirit Publishing, 2021). Este libro ofrece a los educadores y líderes juveniles una amplia gama de actividades para ayudar a los niños de tercer a sexto grado a desarrollar la empatía, manejar el enojo y resolver conflictos.

Educar contra el acoso de Claudia Bruna (Barcelona: Alba Editorial, 2021). El papel de los padres en la prevención y detección del acoso escolar es esencial. Educar de manera consciente y atenta ayuda a los niños a construir relaciones sanas y positivas. Claudia Bruna, coach parental, aporta su conocimiento y experiencia a un conflicto que, muchas veces, marca a los niños de por vida.

Sitios web

American Psychological Association
apa.org/topics/bullying/intimidacion
Esta página en español explica cómo los padres, los maestros y los niños pueden evitar la intimidación o acoso escolar.

Biblioteca Virtual NCJRS
ojp.gov/ncjrs/virtual-library
Este componente del Servicio Nacional de Referencia de Justicia Penal de EE. UU. ofrece materiales sobre la justicia juvenil, la prevención del delito y la violencia y los derechos de los niños. Póngase en contacto con la biblioteca para solicitar una lista de los materiales disponibles.

Coalition for Children
safechild.org
Este sitio para padres y educadores proporciona información, recursos y programas que ayudan a proteger a los niños. También brinda servicios de consultoría y peritaje judicial.

Committee for Children
cfchildren.org
Esta organización, creadora del programa Second Step SEL, proporciona materiales de aprendizaje socioemocional basados en la investigación para ayudar a los niños a tener éxito en la escuela y en la vida. Póngase en contacto con este grupo para recibir una lista gratuita de sus productos y servicios.

102

Índice

Acerca del autor y el ilustrador

Cuando **Trevor Romain** tenía 12 años, su maestra le dijo que no tenía talento para el arte. Por accidente, 20 años después, descubrió que dibujaba bien. Desde aquel afortunado día, ha escrito e ilustrado más de 50 libros infantiles y juveniles. En todo el mundo se han vendido más de un millón de ejemplares de sus libros, que se han publicado en 18 idiomas. Trevor también visita escuelas, hospitales, campamentos de verano y bases militares de todo el mundo haciendo monólogos humorísticos que transmiten mensajes inspiradores de autoayuda a cientos de miles de niños y adolescentes.

Trevor, a quien le apasiona ayudar a los jóvenes a afrontar y superar retos difíciles, fue presidente de la American Childhood Cancer Organization y es muy conocido por su trabajo en organizaciones como Make-A-Wish Foundation, Naciones Unidas, UNICEF, USO y Comfort Crew for Military Kids, de la que es cofundador. Ha actuado en numerosas giras de la USO, ha visitado a ex niños soldados y trabajado con ellos y en campos de refugiados y orfanatos, y ha colaborado con las Naciones Unidas elaborando material educativo para niños que viven en zonas de conflictos armados.

Steve Mark es ilustrador independiente y también trabaja parte del tiempo como titiritero. Vive en Minnesota, está casado y es padre de tres hijos. Ilustró todos los libros de la serie Laugh & Learn®, incluidos *Don't Behave Like You Live in a Cave* y *Siblings: You're Stuck with Each Other, So Stick Together*.

Para conocer más títulos de la serie Laugh & Learn® de Free Spirit, visite freespirit.com.